II
摄影图版

2013

第 257 窟内景

2013

第 257 窟中心塔柱东向面

1　塔座东北角　　　　2013

2　东向面塔座上涩混脚（部分）　　　　2013

3　塔座东南角　　　　2013

4　东向面座身下部（部分）　　　　2013

5　东向面座基南端　　　　2013

6　东向面座基北端　　　　2013

第 257 窟中心塔柱塔座

第 257 窟中心塔柱东向面龛内主尊佛倚坐像（部分）

2013

第 257 窟中心塔柱东向面龛内主尊佛倚坐像（部分）

1 东向面座沿南段

2013

2 东向面座沿北段

2013

3 东向面塔座

2013

第 257 窟中心塔柱东向面塔座

2013

第 257 窟中心塔柱东向面龛

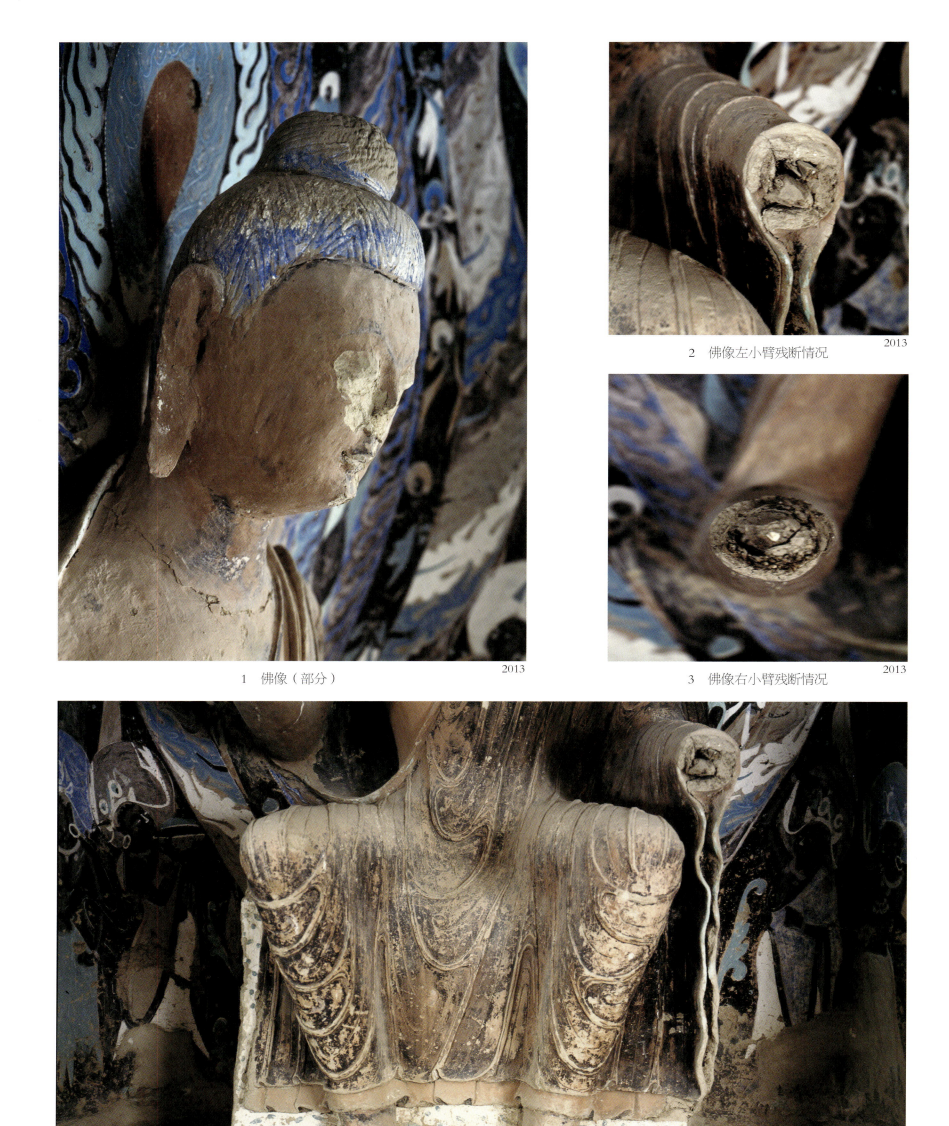

1　佛像（部分）

2013

2　佛像左小臂残断情况

2013

3　佛像右小臂残断情况

2013

4　佛倚坐像（部分）

2013

第 257 窟中心塔柱东向面龛内主尊佛倚坐像

2013

第 257 窟中心塔柱东向面龛（部分）

2013

第 257 窟中心塔柱东向面龛内北侧与龛外左胁侍像

2013

第 257 窟中心塔柱东向面龛内南侧与龛外右胁侍像残迹

2013

第 257 窟中心塔柱东向面龛内佛头光、身光（部分）

2013

1 龛内佛座北侧壁画

2013

2 龛内佛座南侧壁画

2013

3 龛内北侧下排供养菩萨（天人）

第 257 窟中心塔柱东向面龛内壁画

1　龛内南侧下排供养菩萨（天人）

2013

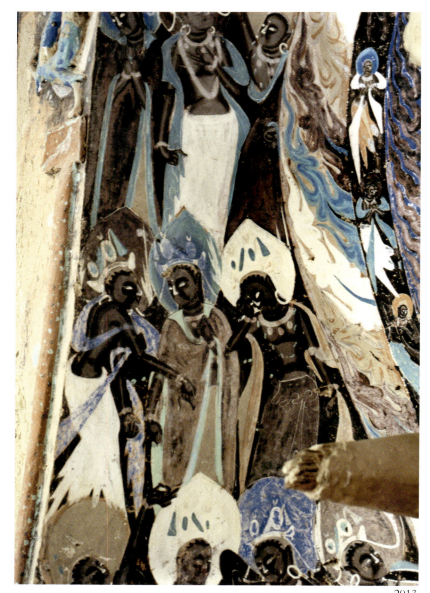

2　龛内南侧中排供养菩萨（天人）
2013

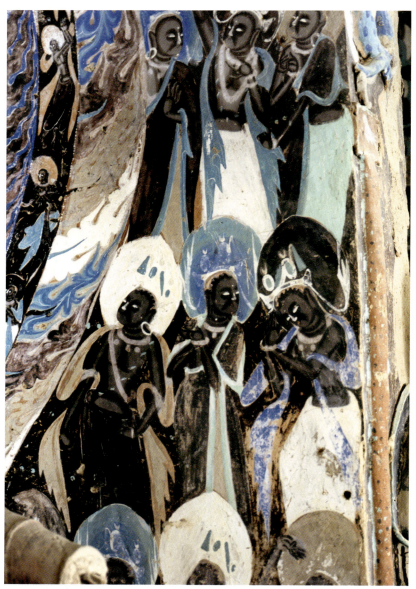

3　龛内北侧中排供养菩萨（天人）
2013

第 257 窟中心塔柱东向面龛内壁画

1　龛内顶部壁画

2013

2　龛内南侧上排供养菩萨（天人）

2013

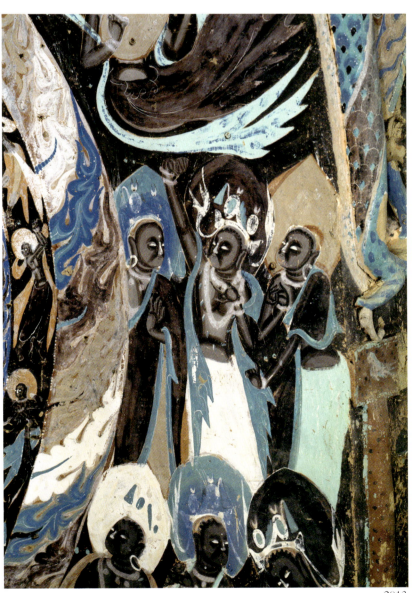

3　龛内北侧上排供养菩萨（天人）

2013

第 257 窟中心塔柱东向面龛内壁画

1　龛顶南侧飞天

2013

2　龛楣南侧莲花化生

2013

3　龛顶北侧飞天

2013

第 257 窟中心塔柱东向面龛内、龛外壁画

1　东向面龛楣

2013

2　龛楣中部

2013

第 257 窟中心塔柱东向面龛楣

1 龛楣南部

2 龛楣北部

第257窟中心塔柱东向面龛楣

1　龛楣上方南侧莲花化生　　　2013

2　龛楣上方北侧莲花化生　　　2013

3　龛梁南侧尾端行龙　2013

4　龛梁北侧尾端行龙　2013

5　龛外上部北侧影塑供养菩萨（天人）　2013

6　龛外上部南侧影塑残迹　2013

7　龛外上部北侧影塑及残迹　2013

8　龛外上部南侧影塑残迹　2013

第 257 窟中心塔柱东向面龛外塑像、壁画

1　龛外南侧右胁侍像残迹　　　　　　　2013

2　龛外北侧左胁侍像　　　　　　　　　2013

3　龛外北侧左胁侍像（部分）　　　　　2013

4　龛外北侧左胁侍像（左侧视）　　　　2013

第257窟中心塔柱东向面龛外塑像

2023

第 257 窟中心塔柱南向面（由东向西）

2023

第 257 窟中心塔柱南向面（由西向东）

1　南向面塔座（由东向西）
2013

2　塔座西部
2013

3　塔座中部
2013

4　塔座东部
2013

第 257 窟中心塔柱南向面塔座

2023

1　塔座座沿

2023

2023

第 257 窟中心塔柱南向面塔座

2023

2023

2013

2　座沿供养人（部分）

第 257 窟中心塔柱南向面塔座

2023

第 257 窟中心塔柱南向面塔座座沿供养人（部分）

1 座沿供养人（部分） 2023

2 塔座下部残损 2013

3 塔座西南角 2023

第 257 窟中心塔柱南向面塔座

2023

第 257 窟中心塔柱南向面下层龛内苦修像

2023

第 257 窟中心塔柱南向面下层龛

2013

第 257 窟中心塔柱南向面下层龛内苦修像（部分）

2013

第 257 窟中心塔柱南向面下层龛内苦修像

1　龛内西侧下起第二身供养菩萨（天人）　2013

2　龛内东侧下起第二身供养菩萨（天人）　2013

3　龛内西侧下起第一身供养菩萨（天人）　2013

4　龛内东侧下起第一身供养菩萨（天人）　2013

第 257 窟中心塔柱南向面下层龛内壁画

1　龛内上部壁画

2013

2013

2　龛内西侧壁画

2013

3　龛内东侧壁画

第 257 窟中心塔柱南向面下层龛内壁画

1 龛楣西部

2013

2 龛内佛座东侧壁画

2013

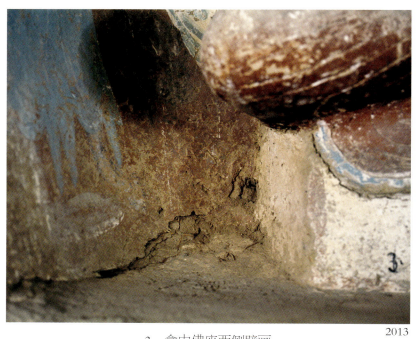

3 龛内佛座西侧壁画

2013

第 257 窟中心塔柱南向面下层龛内壁画、龛楣

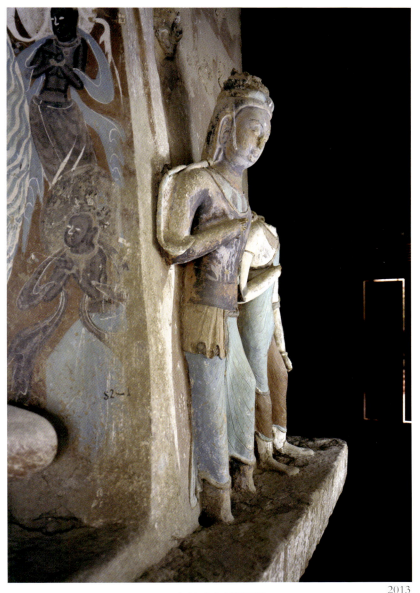

1　龛外东侧菩萨像

2013

2　龛外菩萨像（由东向西）

2013

3　龛外东侧西起第一身菩萨像（部分）

2013

4　龛外东侧菩萨像

2013

第 257 窟中心塔柱南向面下层龛外菩萨立像

1　龛外西侧菩萨像　　　　　　　　　　　2013

2　龛外西侧东起第一身菩萨像　　　　　　2013

3　龛外西侧东起第二身菩萨像　　　　　　2013

4　龛外西侧东起第二身菩萨像（部分）　　2013

第 257 窟中心塔柱南向面下层龛外菩萨立像

2013

1　龛外东侧西起第一身菩萨像（部分）

2013

2　龛外西侧东起第二身菩萨像（部分）

2013

3　龛外东侧西起第一身菩萨像右臂残断情况

2013

4　龛外西侧东起第二身菩萨像右臂残断情况

第 257 窟中心塔柱南向面下层龛外菩萨立像

第 257 窟中心塔柱南向面上部与上层龛

2013

第 257 窟中心塔柱南向面上层龛内菩萨思惟像（部分）

2023

第 257 窟中心塔柱南向面上层龛内菩萨思惟像

2013

第 257 窟中心塔柱南向面上层龛内菩萨思惟像（左侧视）

2013

第 257 窟中心塔柱南向面上层龛内菩萨思惟像（右侧视）

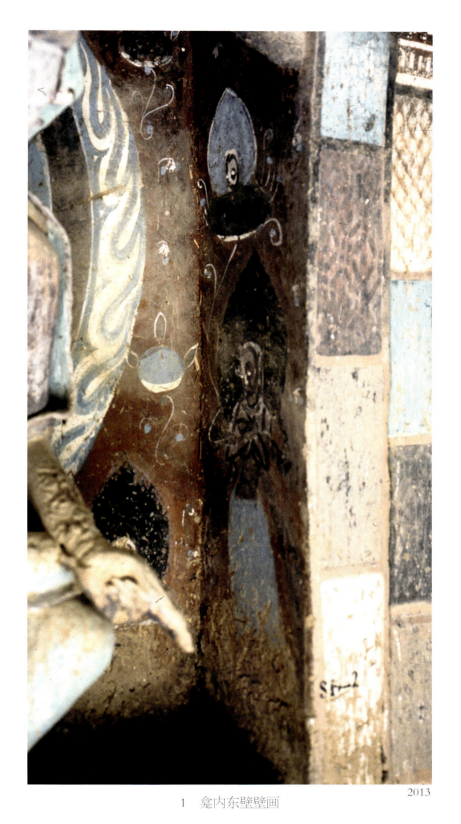

1 龛内东壁壁画

2013

2 龛内西壁壁画

2013

3 龛内台座东侧壁画

2013

4 龛内台座西侧壁画

2013

第 257 窟中心塔柱南向面上层龛内壁画

1　龛内顶部

2013

2　龛内北壁西侧

2013

3　龛内北壁东侧

2013

第 257 窟中心塔柱南向面上层龛内壁画

1　龛内北壁西侧上部莲蕾　2013

2　龛内北壁东侧上部莲蕾　2013

3　龛外西侧子母阙　2013

4　龛外东侧子母阙　2013

第 257 窟中心塔柱南向面上层龛内壁画、龛外阙形

1 龛外阙形上部

2013

2 龛外阙形上部东侧

2013

第 257 窟中心塔柱南向面上层龛外阙形

1　龛外西侧阙楼（部分）　　2013

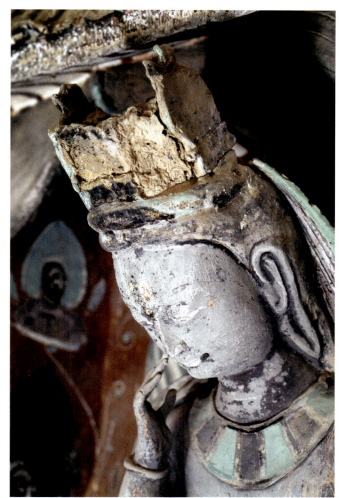

3　龛内菩萨像（部分）　　2013

2　龛外阙形上部西侧　　2013

4　龛外屋檐与龛顶垂幔　　2013

第 257 窟中心塔柱南向面上层龛外阙形、龛内菩萨像

1　龛上壁画

2013

2　龛外东侧影塑及残迹

2013

第 257 窟中心塔柱南向面上层龛外壁画、影塑

2013

第 257 窟中心塔柱南向面上层龛外西侧影塑及残迹

1 龛外西侧影塑供养菩萨（天人）

2 龛外东侧影塑供养菩萨（天人）
2013

3 龛外西侧影塑供养菩萨（天人）
2013

第 257 窟中心塔柱南向面上层龛外影塑

2023

第 257 窟中心塔柱南向面塔身（仰视）

2023

第 257 窟中心塔柱西向面（由北向南）

2023

第 257 窟中心塔柱西向面（由南向北）

1　座身北部

2013

2　座身南部

2013

第 257 窟中心塔柱西向面塔座

2013

第 257 窟中心塔柱塔座西南角

1　座沿北起之一　　　　　　　　　　　2023

2　座沿北起之二　　　　　　　　　　　2023

3　座沿北起之三　　　　2023　　　　　　　　　　　2023

第 257 窟中心塔柱西向面塔座

1　座沿北起之四

2023

2　座身中部

2013

第 257 窟中心塔柱西向面塔座

2013

第 257 窟中心塔柱西向面下层龛内佛禅定像

2023

第 257 窟中心塔柱西向面下层龛

2013

第 257 窟中心塔柱西向面下层龛内佛禅定像（部分）

2013

第 257 窟中心塔柱西向面下层龛内佛禅定像（部分）

1　龛内北侧壁画　2013　　　　2　龛内南侧壁画　2013

第 257 窟中心塔柱西向面下层龛内壁画

1 下层龛龛楣

2013

2 龛内顶部壁画

2013

第 257 窟中心塔柱西向面下层龛内壁画、龛楣

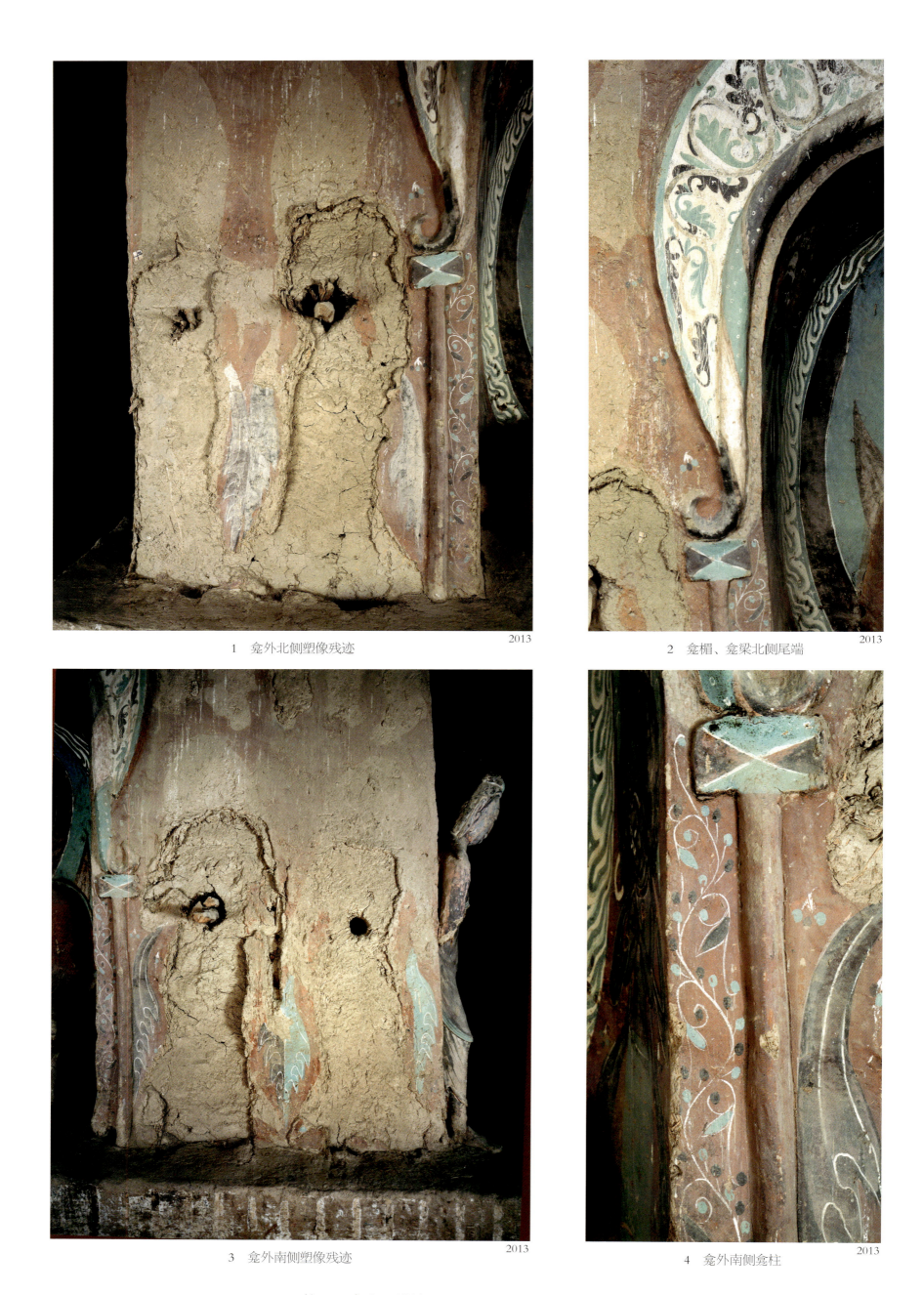

1 龛外北侧塑像残迹 2013

2 龛楣、龛梁北侧尾端 2013

3 龛外南侧塑像残迹 2013

4 龛外南侧龛柱 2013

第 257 窟中心塔柱西向面下层龛龛饰、龛外塑像

第 257 窟中心塔柱西向面上层龛

2023

第 257 窟中心塔柱西向面上层龛

2013

第 257 窟中心塔柱西向面上层龛内佛坐像（部分）

1 龛内北侧壁画
2013

2 龛内南侧壁画
2013

3 上层龛龛楣
2013

第 257 窟中心塔柱西向面上层龛内壁画、龛楣

1 龛楣北部

2013

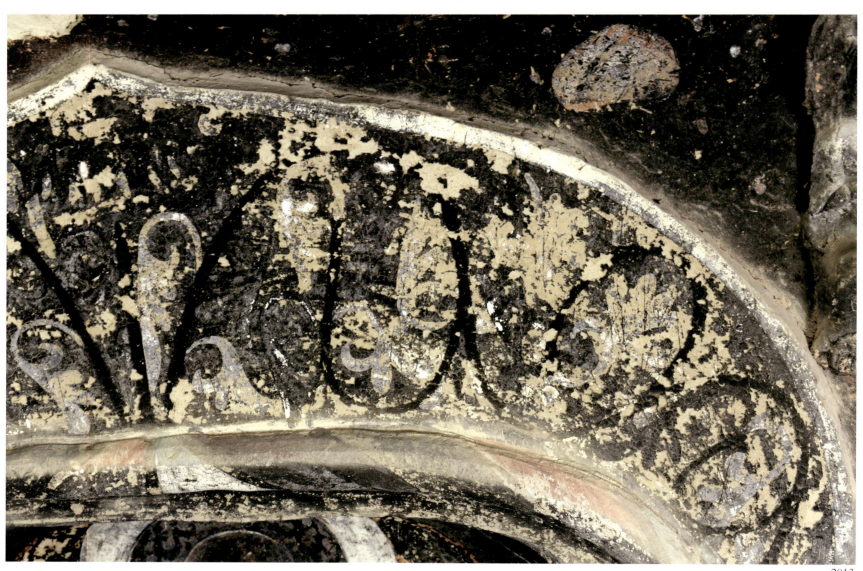

2 龛楣南部

2013

第 257 窟中心塔柱西向面上层龛龛楣

2013

第 257 窟中心塔柱西向面上层龛外南侧影塑及残迹

2013

第 257 窟中心塔柱西向面上层龛外北侧影塑及残迹

1 龛外南侧影塑（部分）

2013

2 龛外北侧影塑（部分）

2013

第 257 窟中心塔柱西向面上层龛外影塑

1 龛外南侧影塑供养菩萨（天人）

2013

2 龛外北侧影塑残迹

2013

3 龛外北侧影塑残迹

2013

第 257 窟中心塔柱西向面上层龛外影塑

2023

第 257 窟中心塔柱西向面塔身（仰视）

2023

第 257 窟中心塔柱北向面（由东向西）

2023

第 257 窟中心塔柱北向面（由西向东）

1　塔座东部

2013

2023

第 257 窟中心塔柱北向面塔座

2 塔座西部

2013

2023

3 塔座座沿

2023

2023

第 257 窟中心塔柱北向面塔座

1 座沿供养人（部分）

2023

2 座沿供养人（部分）

2023

3 座沿供养人（部分）

2023

第 257 窟中心塔柱北向面塔座

第 257 窟中心塔柱北向面下层龛

2013

第 257 窟中心塔柱北向面下层龛内塑像、壁画

2013

第 257 窟中心塔柱北向面下层龛内佛禅定像

1　龛内顶部壁画

2013

2　龛内东侧壁画

2013

3　龛内西侧壁画

2013

第 257 窟中心塔柱北向面下层龛内壁画

2013

第 257 窟中心塔柱北向面下层龛外西侧菩萨立像及残迹

2013

第 257 窟中心塔柱北向面下层龛外东侧菩萨立像

1　龛外西侧东起第一身菩萨像（部分）　　　　　2013

2　龛外东侧西起第二身菩萨像（部分）　　　　　2013

3　龛外西侧东起第一身菩萨像（部分）　　　　　2013

4　龛外东侧菩萨像　　　　　2013

第 257 窟中心塔柱北向面下层龛外菩萨立像

第 257 窟中心塔柱北向面上部影塑与上层龛

2023

2023

第 257 窟中心塔柱北向面上层龛

2023

第 257 窟中心塔柱北向面上层龛内菩萨交脚像

1 龛内顶部

2013

2 龛内东侧壁画

2013

3 龛内西侧壁画

2013

第 257 窟中心塔柱北向面上层龛内塑像、壁画

1　龛内菩萨像（部分）　　2013

2　龛外西侧阙楼　　2013

3　龛外东侧子母阙　　2013

4　龛外西侧子母阙　　2013

第 257 窟中心塔柱北向面上层龛内塑像、龛外阙形

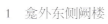

1　龛外东侧阙楼
2013

2　龛内菩萨像（部分）
2013

3　龛外西侧影塑及残迹
2013

第 257 窟中心塔柱北向面上层龛内塑像、龛外阙形、影塑

1　龛外东侧影塑供养菩萨（天人）　　2013

2　龛外东侧影塑及残迹　　2013

3　龛外东侧影塑供养菩萨（天人）　　2013

5　龛外西侧影塑残迹　　2013

4　龛外东侧影塑供养菩萨（天人）　　2013

第 257 窟中心塔柱北向面上层龛外影塑

第 257 窟中心塔柱北向面塔身（仰视）

2023

2023

第 257 窟南壁（由东向西）

2013

第 257 窟南壁前部（东部）

1　南壁（部分，由东向西）

2013

2　下段药叉之一

2013

第 257 窟南壁下段

2013

1　下段药叉之二

2013

2　下段药叉之三

第 257 窟南壁下段

1 下段药叉之四

2013

2 下段药叉之五

2013

第 257 窟南壁下段

1 下段药叉之六

2013

2 下段药叉之七

2013

第 257 窟南壁下段

2013

2013

2013

第 257 窟南壁下段边饰图案

2013

第 257 窟南壁前部壁画

2023

第 257 窟南壁前部说法图主尊立佛

2013

第 257 窟南壁前部说法图主尊立佛（部分）

2013

第 257 窟南壁前部说法图主尊立佛头光、身光（部分）

2013

第 257 窟南壁前部说法图左胁侍

2013

第 257 窟南壁前部说法图左胁侍、西侧供养菩萨（天人）

2013

第 257 窟南壁前部说法图西侧飞天

2013

第 257 窟南壁前部说法图东侧人物

1　说法图东侧飞天

2013

2　说法图东侧飞天（部分）

2013

第 257 窟南壁前部说法图东侧飞天

1 沙弥守戒自杀因缘之一

2013

2 沙弥守戒自杀因缘之二

2013

第 257 窟南壁故事画

2023

1　沙弥守戒自杀因缘之三

2013

2　沙弥守戒自杀因缘之四

第 257 窟南壁故事画

1　沙弥守戒自杀因缘之五

2013

2　沙弥守戒自杀因缘之六

2013

第 257 窟南壁故事画

2013

1　南壁西端故事画（九色鹿本生序分）

2013

2　南壁千佛（部分）

第 257 窟南壁故事画、千佛图

1 南壁千佛（部分）

2013

2 南壁千佛（部分）

2013

3 南壁千佛（部分）

2023

第 257 窟南壁千佛图

1　南壁千佛（部分）

2013

2　南壁千佛（部分）

2013

第 257 窟南壁千佛图

2013

第 257 窟南壁千佛图中说法图

1 天宫伎乐之一

2013

2 天宫伎乐之二

2013

第 257 窟南壁上段

2013

1　天宫伎乐之三

2013

2　天宫伎乐之四

2013

3　天宫伎乐之五

2013

4　天宫伎乐之六

第 257 窟南壁上段

1 天宫伎乐之七
2013

2 天宫伎乐之八
2013

3 天宫伎乐之九
2013

4 天宫伎乐之十
2013

第 257 窟南壁上段

1 天宫伎乐之十一

2013

2 天宫伎乐之十二

2013

3 天宫伎乐之十三

2013

第 257 窟南壁上段

2013

第 257 窟南甬道

1　西壁（由北向南）

2023

2　下段药叉之一

2013

第 257 窟西壁下段

1 　下段药叉之二

2 　下段药叉之三

第 257 窟西壁下段

第 257 窟西壁下段

1 下段药叉之四   2013

2 下段药叉之五   2013

第 257 窟西壁下段

1 药叉（部分）　2013

2 药叉（部分）　2013

3 药叉（部分）　2013

4 药叉（部分）　2013

第 257 窟西壁下段

2013

2013

2013

2013

2013

第 257 窟西壁下段边饰图案

1　九色鹿本生之一

2013

2　九色鹿本生之二

2013

第 257 窟西壁故事画

1 九色鹿本生之三

2013

2 九色鹿本生之四

2013

第 257 窟西壁故事画

1　九色鹿本生之五

2013

2　九色鹿本生之六

2013

第 257 窟西壁故事画

1　须摩提女因缘之一

2013

2　须摩提女因缘之二

2013

第 257 窟西壁故事画

1　须摩提女因缘之三

2013

2　须摩提女因缘之四

2013

第 257 窟西壁故事画

1　须摩提女因缘之五

2013

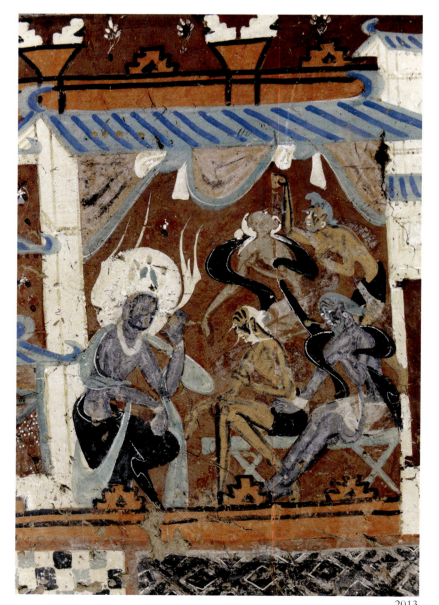

2　须摩提女因缘之六

2013

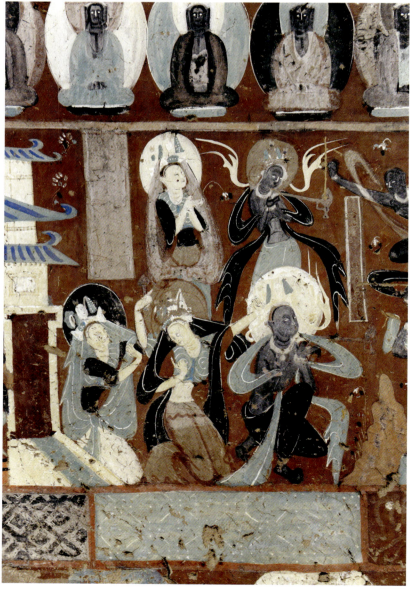

3　须摩提女因缘之七

2013

第 257 窟西壁故事画

2013

1　须摩提女因缘之八

2013

2　须摩提女因缘之九

2013

3　西壁下部壁画（由南向北）

第 257 窟西壁故事画

2013

第 257 窟西壁千佛图（部分）

2013

第 257 窟西壁千佛中说法图

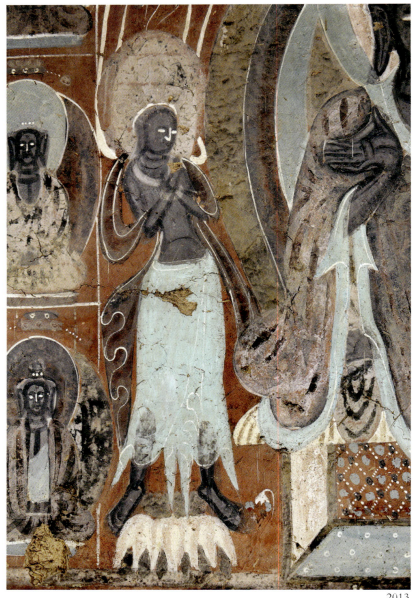

2013

1 说法图南侧菩萨

2013

2 说法图北侧菩萨

2013

3 说法图中佛座

第 257 窟西壁千佛中说法图

1　西壁千佛（部分）

2013

2　西壁千佛（部分）

2023

3　西壁千佛（部分）

2013

第 257 窟西壁千佛图

1　天宫伎乐之一

2013

2　天宫伎乐之二

2013

第 257 窟西壁上段

1 天宫伎乐之三

2 天宫伎乐之四

第 257 窟西壁上段

1　天宫伎乐之五

2013

2　天宫伎乐之六

2013

第 257 窟西壁上段

2013

第 257 窟西北角

2023

第 257 窟北壁（由东向西）

1　下段药叉之一

2013

2　下段药叉之二

2013

第 257 窟北壁下段

1　下段药叉之三

2013

2　下段药叉之四

2013

第 257 窟北壁下段

2013

1　下段药叉之五

2013

2　须摩提女因缘之十

第 257 窟北壁下段药叉、故事画

第 257 窟北壁故事画须摩提女因缘（部分）

2013

第 257 窟北壁故事画须摩提女因缘（部分）

1　须摩提女因缘之十一

2　须摩提女因缘之十二

第 257 窟北壁故事画

1　须摩提女因缘之十三

2013

2　须摩提女因缘之十四

2013

第 257 窟北壁故事画

2013

第 257 窟北壁故事画须摩提女因缘（部分）

1　北壁千佛（部分）
2013

2　北壁千佛（部分）
2023

3　北壁千佛（部分）
2013

4　北壁千佛（部分）
2013

第 257 窟北壁千佛图

2—6

2013

第 257 窟北壁千佛中说法图

第 257 窟北壁前部说法图

2023

第 257 窟北壁前部说法图（部分）

2023

第 257 窟北壁前部说法图（部分）

2023

第 257 窟北壁前部说法图右胁侍、西侧供养菩萨（天人）

2023

第257窟北壁前部说法图右胁侍、西侧供养菩萨（天人）

1　说法图西侧飞天

2013

2　说法图西侧飞天（部分）

2013

第 257 窟北壁前部说法图西侧飞天

1 天宫伎乐之一

2013

2 天宫伎乐之二

2013

第 257 窟北壁上段

1　天宫伎乐之三

2013

2　天宫伎乐之四

2013

第 257 窟北壁上段

1 天宫伎乐之五

2013

2 天宫伎乐之六

2013

第 257 窟北壁上段

1　天宫伎乐之七

2013

2　天宫伎乐之八

2013

3　天宫伎乐之九

2013

第 257 窟北壁上段

1 天宫伎乐之十

2 天宫伎乐之十一

第 257 窟北壁上段

2023

第 257 窟窟顶

1　前部人字披

2023

2　窟顶前部

2023

第 257 窟窟顶

1　前部人字披平脊、西披（部分）

2　后部东南角平棋

第 257 窟窟顶

2013

第 257 窟窟顶后部东南角平棋（第二组）

2013

第 257 窟窟顶后部东侧平棋（第一组）

2023

第 257 窟窟顶后部南侧平棋（第二至第五组）

2013

第 257 窟窟顶后部西南角平棋（第四、第五组）

2023

第 257 窟窟顶后部西侧平棋（第五至第八组）

2023

第 257 窟窟顶后部北侧平棋（第八、第九组）

1　第四组西南岔角飞天

2013

2　第八组西北岔角飞天

2013

第 257 窟窟顶后部平棋（部分）

1　中心塔柱东向面塔座座身壁画

2013

2　中心塔柱东向面塔座座身壁画（部分）

2013

第 257 窟第二层壁画

1　中心塔柱南向面塔座座身东端壁画（第二层，部分）　2013

2　中心塔柱北向面塔座座身东端壁画（第二层，部分）　2013

3　南壁东端张大千题写洞窟编号牌榜　2023

4　南壁东端敦煌文物研究所洞窟编号牌榜　2023

5　中心塔柱东向面座沿敦煌文物研究所洞窟编号牌榜　2023

第 257 窟第二层壁画及现代遗迹

第 259 窟内景

2023

第 259 窟内景

第 259 窟西壁塔柱形

2013

2013

第 259 窟西壁塔柱形塔座

1　座身南部
2023

2　座身中部
2023

3　座身北部
2023

第 259 窟西壁塔柱形塔座

1 座沿南部

2023

2 座沿中部

2023

3 座沿北部

2023

第 259 窟西壁塔柱形塔座

1　座沿供养人（部分）

2013

2　座沿供养人（部分）

2013

第 259 窟西壁塔柱形塔座

第 259 窟西壁塔柱形塔身

2013

第 259 窟西壁塔柱形龛内二佛并坐像、壁画

2013

第 259 窟西壁塔柱形龛内北侧佛半跏坐像

2013
2013

第 259 窟西壁塔柱形龛内北侧佛半跏坐像

2013

第 259 窟西壁塔柱形龛内南侧佛半跏坐像

2013 2013

第 259 窟西壁塔柱形龛内南侧佛半跏坐像

2013

第 259 窟西壁塔柱形龛内佛像间壁画供养菩萨（天人）

2013

第 259 窟西壁塔柱形龛内北侧壁画

2013

第 259 窟西壁塔柱形龛内北侧壁画上排、中排供养菩萨（天人）

1 北侧下排供养菩萨（天人）　　　　2013

2 北侧中排供养菩萨（天人）　　　　2013

3 北侧上排供养菩萨（天人）　　　　2013

4 塑像身光之间花蕾　　　　2013

第 259 窟西壁塔柱形龛内壁画

2013

第 259 窟西壁塔柱形龛内南侧壁画

1 南侧供养菩萨（天人） 2013

2 南侧下排供养菩萨（天人） 2013

3 南侧中排供养菩萨（天人） 2013

4 南侧上排供养菩萨（天人） 2013

第 259 窟西壁塔柱形龛内壁画

2013

第 259 窟西壁塔柱形龛内南侧壁画上排、中排供养菩萨（天人）

第 259 窟西壁塔柱形龛内壁画

1　龛顶华盖上方飞天

2013

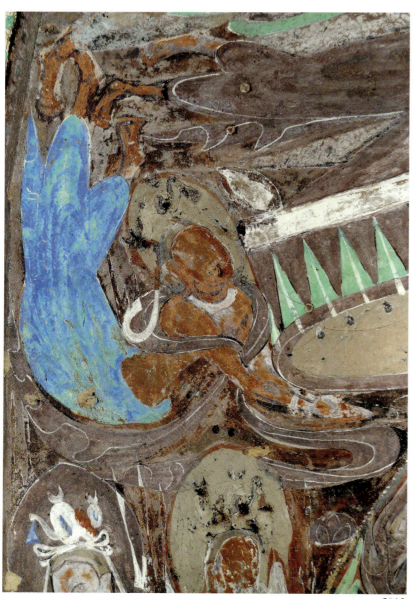

2　华盖南侧飞天

2013

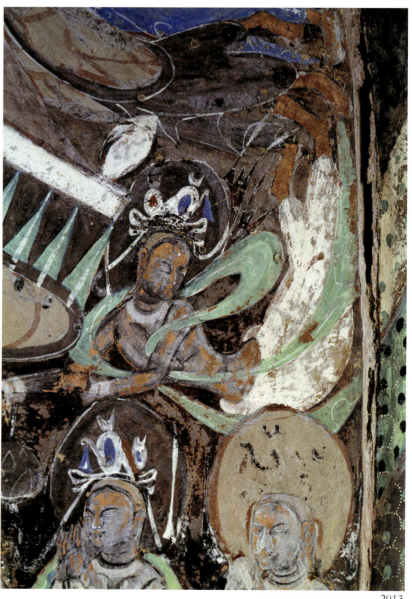

3　华盖北侧飞天

2013

第 259 窟西壁塔柱形龛内壁画

1　龛楣

2013

2　龛楣中部

2013

第 259 窟西壁塔柱形龛楣

1　龛楣南部

2013

2　龛梁南侧尾端束帛

2013

第 259 窟西壁塔柱形龛楣、龛梁

1 龛楣北部

2013

2 龛外南侧影塑残迹

2013

3 龛外北侧影塑残迹

2013

第259窟西壁塔柱形龛楣、龛外影塑

2013

第 259 窟西壁塔柱形龛外北侧菩萨立像

2013

第 259 窟西壁塔柱形龛外北侧菩萨立像

2013

2013

2013

2013

第 259 窟西壁塔柱形龛外北侧菩萨立像（部分）

2013

第 259 窟西壁塔柱形龛外南侧菩萨立像

2013

2013

2013

2013

第 259 窟西壁塔柱形龛外南侧菩萨立像（部分）

1 座沿波状忍冬纹

2013

2 座身药叉

2013

第 259 窟西壁塔柱形北侧面塔座

2013

第 259 窟西壁塔柱形北侧面塔身菩萨立像

1　菩萨像（部分）　　　　2013

2　菩萨像（部分）　　　　2013

3　塔身上部影塑残迹　　　　2013

4　塔身上部影塑残迹　　　　2013

第 259 窟西壁塔柱形北侧面塔身

1　座沿波状忍冬纹

2013

2　座身药叉

2013

第 259 窟西壁塔柱形南侧面塔座

2013

第 259 窟西壁塔柱形南侧面塔身菩萨立像

2013

2013

2 菩萨像

1 菩萨像及影塑残迹

2013

第 259 窟西壁塔柱形南侧面塔身

2013

第 259 窟西壁北部

1 下段凸棱波状忍冬纹

2013

2 下段药叉

2013

第 259 窟西壁塔柱形北侧

2013

第 259 窟西壁塔柱形北侧上段千佛（化佛，部分）

2013

第 259 窟西壁塔柱形南侧

1　上段千佛（化佛，部分）

2013

2　下段凸棱、药叉残迹

2013

第 259 窟西壁塔柱形南侧

1　上段千佛（化佛，部分）

2013

2　上段千佛（化佛，部分）

2013

第 259 窟西壁塔柱形南侧

2013

第 259 窟北壁

1　下段西部

2013

2　下段中部

2013

第 259 窟北壁下段

1 下段东部

2013

2 下段药叉（部分）

2013

第 259 窟北壁下段

1 下段药叉（部分）

2013

2 下段药叉（部分）

2013

第 259 窟北壁下段

2013

1　凸棱西端波状忍冬纹

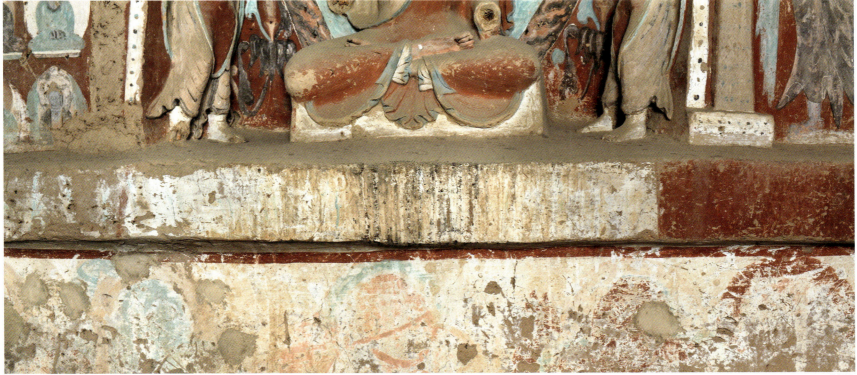

2013

2　凸棱（部分）

2013

3　凸棱（部分）

第 259 窟北壁下段

1　凸棱重层迹象

2　凸棱（部分）

3　凸棱东端

第 259 窟北壁下段

2013

第 259 窟北壁上段

2013

第 259 窟北壁上段下层西起第一龛

2013

第 259 窟北壁上段下层西起第一龛内塑像、壁画

2013

2013

2013

第 259 窟北壁上段下层西起第一龛内佛坐像（部分）

2013

第 259 窟北壁上段下层西起第一龛内佛坐像、右胁侍菩萨像

1 佛像、左胁侍菩萨像　2013

2 右胁侍菩萨像　2013

3 右胁侍菩萨像（部分）　2013

4 右胁侍菩萨像（部分）　2013

第 259 窟北壁上段下层西起第一龛内佛坐像、胁侍菩萨像

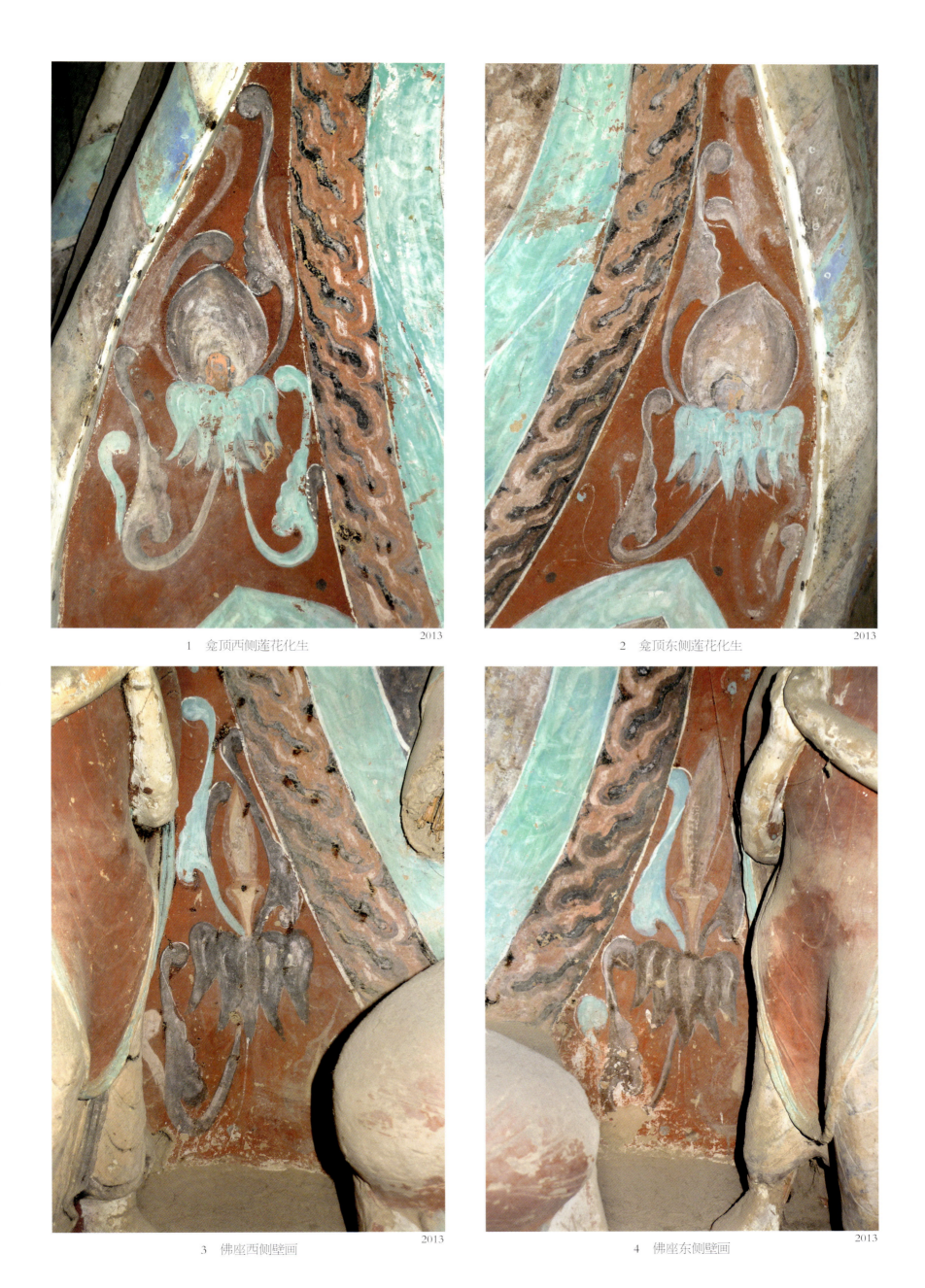

1　龛顶西侧莲花化生　　2013

2　龛顶东侧莲花化生　　2013

3　佛座西侧壁画　　2013

4　佛座东侧壁画　　2013

第 259 窟北壁上段下层西起第一龛内壁画

1 龛顶壁画

2013

2 龛楣

2013

第 259 窟北壁上段下层西起第一龛

2013

第 259 窟北壁上段下层西起第二龛

2013

第 259 窟北壁上段下层西起第二龛内佛倚坐像

2013

第 259 窟北壁上段下层西起第二龛内佛倚坐像、右胁侍菩萨像

2013

第 259 窟北壁上段下层西起第二龛内佛倚坐像、左胁侍菩萨像

2013

1　右胁侍菩萨像

2013

2　左胁侍菩萨像

第 259 窟北壁上段下层西起第二龛内胁侍菩萨像

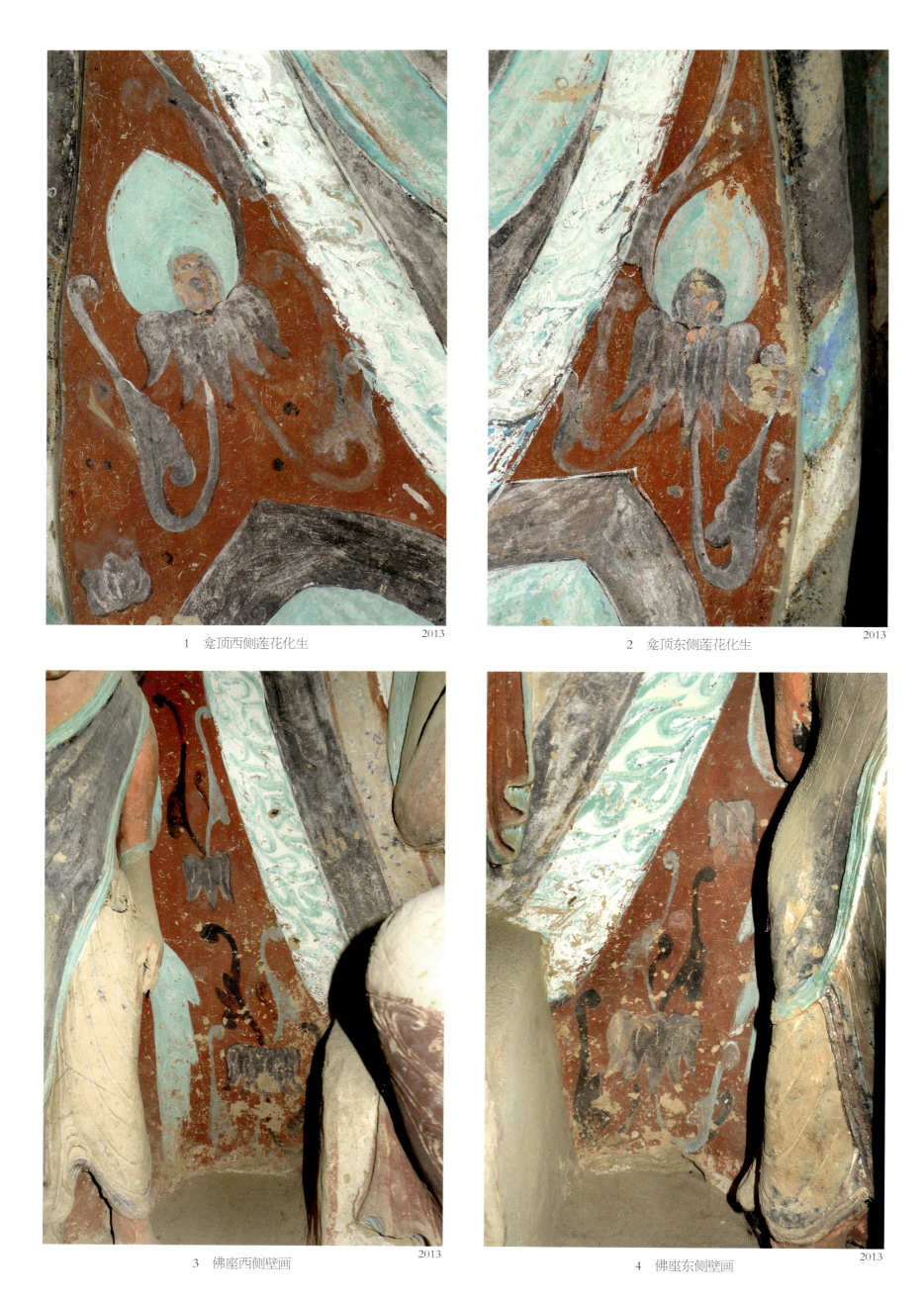

1　龛顶西侧莲花化生　　　　　　2013

2　龛顶东侧莲花化生　　　　　　2013

3　佛座西侧壁画　　　　　　2013

4　佛座东侧壁画　　　　　　2013

第259窟北壁上段下层西起第二龛内壁画

1　龛顶壁画

2013

2　龛楣

2013

第 259 窟北壁上段下层西起第二龛内壁画、龛楣

2013

第 259 窟北壁上段下层西起第三龛

2013

第 259 窟北壁上段下层西起第三龛内佛坐像、右胁侍菩萨像

第 259 窟北壁上段下层西起第三龛内佛坐像（部分）

2013

2013

2013

第 259 窟北壁上段下层西起第三龛内右胁侍菩萨像

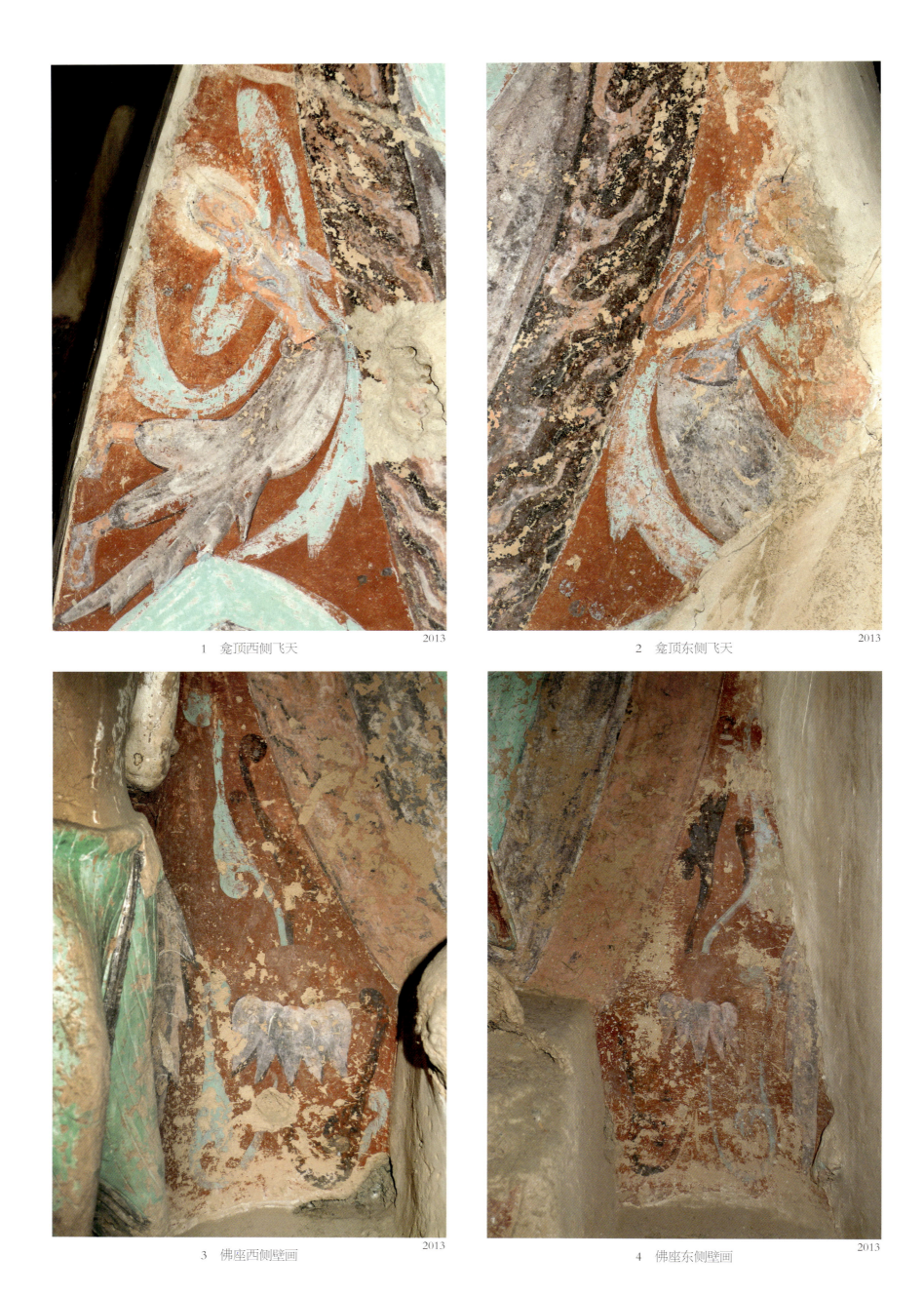

1　龛顶西侧飞天

2013

2　龛顶东侧飞天

2013

3　佛座西侧壁画

2013

4　佛座东侧壁画

2013

第 259 窟北壁上段下层西起第三龛内壁画

2013

第 259 窟北壁上段下层第一龛西侧壁画千佛（化佛）

2013

第 259 窟北壁上段下层第一、二龛间壁画供养菩萨（天人）

2013

第 259 窟北壁上段下层第二、三龛间壁画供养菩萨（天人）

2013

第 259 窟北壁上段上层西起第一龛

2013

第 259 窟北壁上段上层西起第一龛内菩萨交脚像

1 龛内菩萨像 　　　　　　　　　　　2013

2 龛外西侧子母阙 　　　　　　　　　2013

3 龛内东壁壁画 　　　　　　　　　　2013

4 龛内西壁壁画 　　　　　　　　　　2013

第259窟北壁上段上层西起第一龛塑像、壁画、阙形

2023

第 259 窟北壁上段上层西起第二龛

2013

第 259 窟北壁上段上层西起第二龛内菩萨交脚像

1　龛内菩萨像　　　　　　　　　　　　　2013

2　龛内菩萨像（部分）　　　　　　　　　2013

3　龛内东壁壁画　　　　　　　　　　　　2013

4　龛内西壁壁画　　　　　　　　　　　　2013

第 259 窟北壁上段上层西起第二龛塑像、壁画

1　龛外阙形（部分）

2013

2　龛内菩萨像（部分）、龛顶

2013

第 259 窟北壁上段上层西起第二龛塑像、阙形

第 259 窟北壁上段上层西起第三龛

2013

第 259 窟北壁上段上层西起第三龛内菩萨思惟像

1　龛内东壁壁画　　　　　　　　　　　　　　2013

2　龛内西壁壁画　　　　　　　　　　　　　　2013

3　龛内台座东侧壁画　　　　　　　　　　　　2013

4　龛内台座西侧壁画　　　　　　　　　　　　2013

第 259 窟北壁上段上层西起第三龛内壁画

1 龛内菩萨像（部分）、龛顶
2013

2 龛外西侧子母阙（部分）
2013

3 龛外东侧子母阙（部分）
2013

第 259 窟北壁上段上层西起第三龛塑像、阙形

J-16

2013

第 259 窟北壁上段上层西起第四龛

1　第四龛内西侧壁画

2013

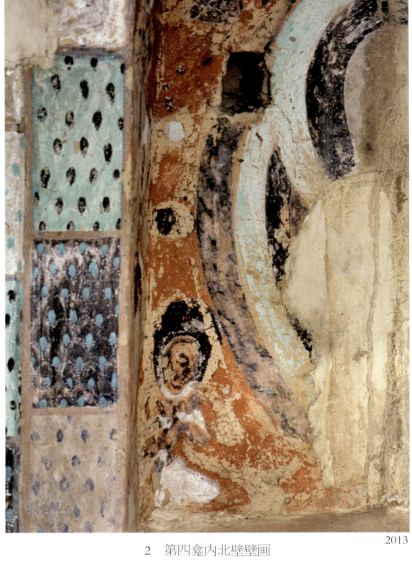

2　第四龛内北壁壁画

2013

3　第一龛西侧壁画、凸棱

2013

第 259 窟北壁上段上层壁画

2013

第 259 窟北壁上段上层第一龛西侧壁画千佛（化佛）

2013

第 259 窟北壁上段上层第一、二龛间壁画供养菩萨（天人）

第 259 窟北壁上段上层第二、三龛间壁画供养菩萨（天人）

第 259 窟北壁上段上层第三、四龛间壁画供养菩萨（天人）

1　北壁上段前部

2013

2　前部人字披顶下说法图

2013

第 259 窟北壁上段说法图

1 说法图主尊与胁侍菩萨

2013

2 说法图东侧飞天

2013

第 259 窟北壁上段说法图

1　说法图西侧飞天

2013

2　说法图西侧飞天

2013

第 259 窟北壁上段说法图

2013

第 259 窟南壁

2013

第 259 窟南壁上段下层西起第一龛

2013

第 259 窟南壁上段下层西起第一龛

1 佛像、左胁侍菩萨像 　　　　　　　　　2013

2 佛像（部分） 　　　　　　　　　2013

3 佛座东侧壁画 　　　　　　　　　2013

4 龛梁东侧尾端行龙、柱头 　　　　　　　　　2013

第 259 窟南壁上段下层西起第一龛内塑像、壁画、龛形

2013

第 259 窟南壁上段下层西起第一龛佛坐像

1 龛顶壁画

2013

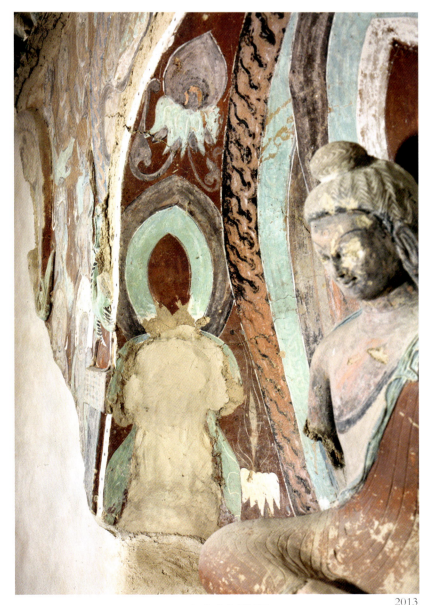

2 龛内东侧壁画

2013

3 左胁侍菩萨像

2013

第 259 窟南壁上段下层西起第一龛内塑像、壁画

2013

第 259 窟南壁上段下层西起第二龛残迹

2023

第 259 窟南壁上段下层第一龛西侧壁画千佛（化佛）

第 259 窟南壁上段下层第一、二龛间供养菩萨（天人）

2013

第 259 窟南壁上段上层西起第一龛

2013

第 259 窟南壁上段上层西起第一龛内菩萨交脚像

2013

第 259 窟南壁上段上层西起第一龛内菩萨交脚像（部分）

1 菩萨像（部分）　　　　　　　2013

2 菩萨像、龛顶　　　　　　　　2013

3 龛内西壁壁画　　　　　　　　2013

4 龛内东壁壁画　　　　　　　　2013

第 259 窟南壁上段上层西起第一龛内塑像、壁画

1　龛外阙形上部残迹

2013

2　屋顶上方壁画莲花

2013

第 259 窟南壁上段上层西起第一龛

第 259 窟南壁上段上层西起第二龛

2013

第 259 窟南壁上段上层西起第二龛内菩萨交脚像

2013

第 259 窟南壁上段上层西起第二龛内菩萨交脚像

1　龛内菩萨像（部分）、龛顶

2013

2013

2　龛内西壁壁画

2013

3　龛内东壁壁画

第 259 窟南壁上段上层西起第二龛内塑像、壁画

1 龛内台座西侧壁画

2 龛内台座东侧壁画

3 菩萨像（部分）

第 259 窟南壁上段上层西起第二龛内塑像、壁画下部

1　上层西起第三龛

2013

2　第三龛内壁画

2013

第 259 窟南壁上段上层西起第三龛

2013

第 259 窟南壁上段上层西起第三龛（部分）

1　龛内南壁、龛顶壁画

2013

2013

2　龛内西壁壁画

2013

3　龛外西侧子母阙

第 259 窟南壁上段上层西起第三龛壁画、阙形

2013

第 259 窟南壁上段上层第一龛西侧壁画千佛（化佛）

2013

第 259 窟南壁上段上层第一、二龛间壁画供养菩萨（天人）

2013

第 259 窟南壁上段上层第二、三龛间壁画供养菩萨（天人）

2013

第 259 窟南壁上段壁画（部分）

1 南壁人字披顶下说法图

2013

2 说法图（部分）

2013

第 259 窟南壁上段说法图

1 说法图主尊与胁侍菩萨

2013

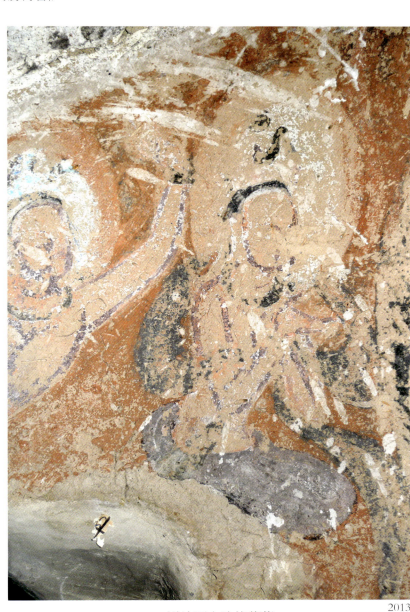

2 说法图东侧飞天

2013

3 说法图右胁侍菩萨

2013

第 259 窟南壁上段说法图

1 说法图西侧飞天

2013

2 说法图西侧飞天

2013

第 259 窟南壁上段说法图

2023

第 259 窟人字披顶下窟室前部（由北向南）

第 259 窟窟顶

1　人字披顶

2013

2　人字披东披（部分）

2013

第 259 窟窟顶前部人字披

1　人字披东披北部

2013

2　人字披东披南部

2013

第 259 窟窟顶前部人字披

1　人字披西披

2013

2　人字披西披（部分）

2013

第 259 窟窟顶前部人字披

2013

第 259 窟窟顶前部人字披西披（部分）

2013

第 259 窟窟顶后部北侧平棋

2013

第 259 窟窟顶后部南侧平棋残迹（第四组）

2013

第259窟窟顶后部北侧平棋（第一、三组）

1　窟顶后部重修画迹

2　后部平顶重绘千佛

第 259 窟后部平顶壁画（第二层）

2023

第 259 窟西壁塔柱形塔身上部重绘莲花、祥云（第二层）

数码全景摄影拼图

1　第 256 窟前室西壁

2　第 256 窟前室西壁上部及窟外崖面壁画

3　第 256 窟前室北壁上部壁画

4　第 256 窟前室南壁上部壁画

5　第 256 窟前室顶部

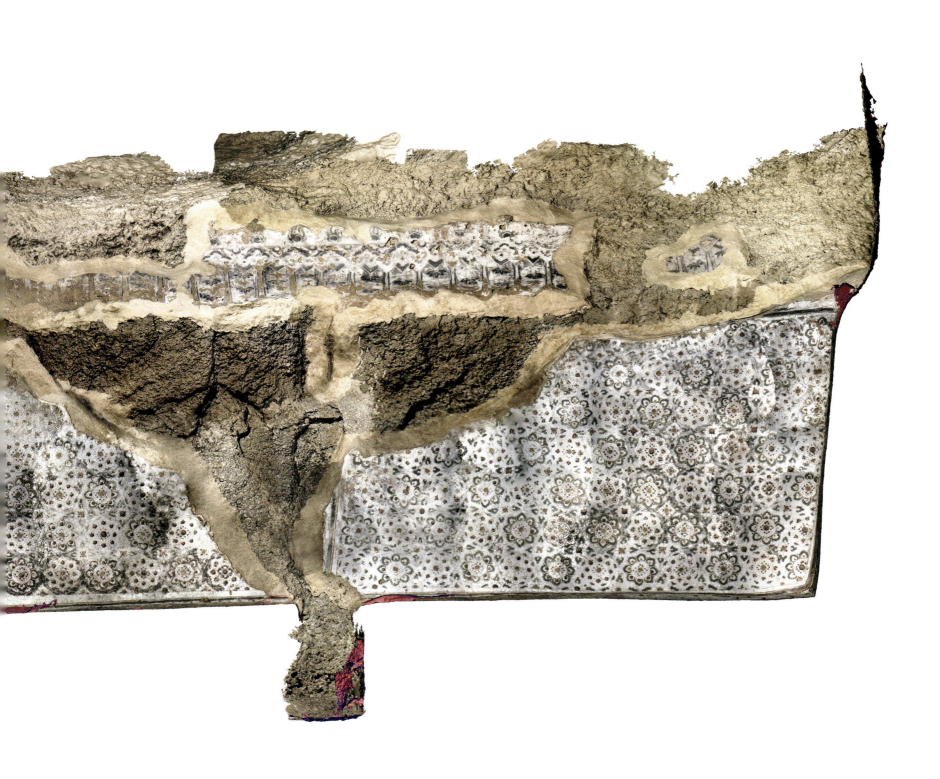

6　第256窟甬道北壁

7 第 256 窟甬道南壁

8　第256窟甬道顶部（上 甬道顶北披，中 甬道顶平顶，下 甬道顶南披）

9　第256窟主室西壁

10 第256窟主室北壁

11　第 256 窟主室南壁

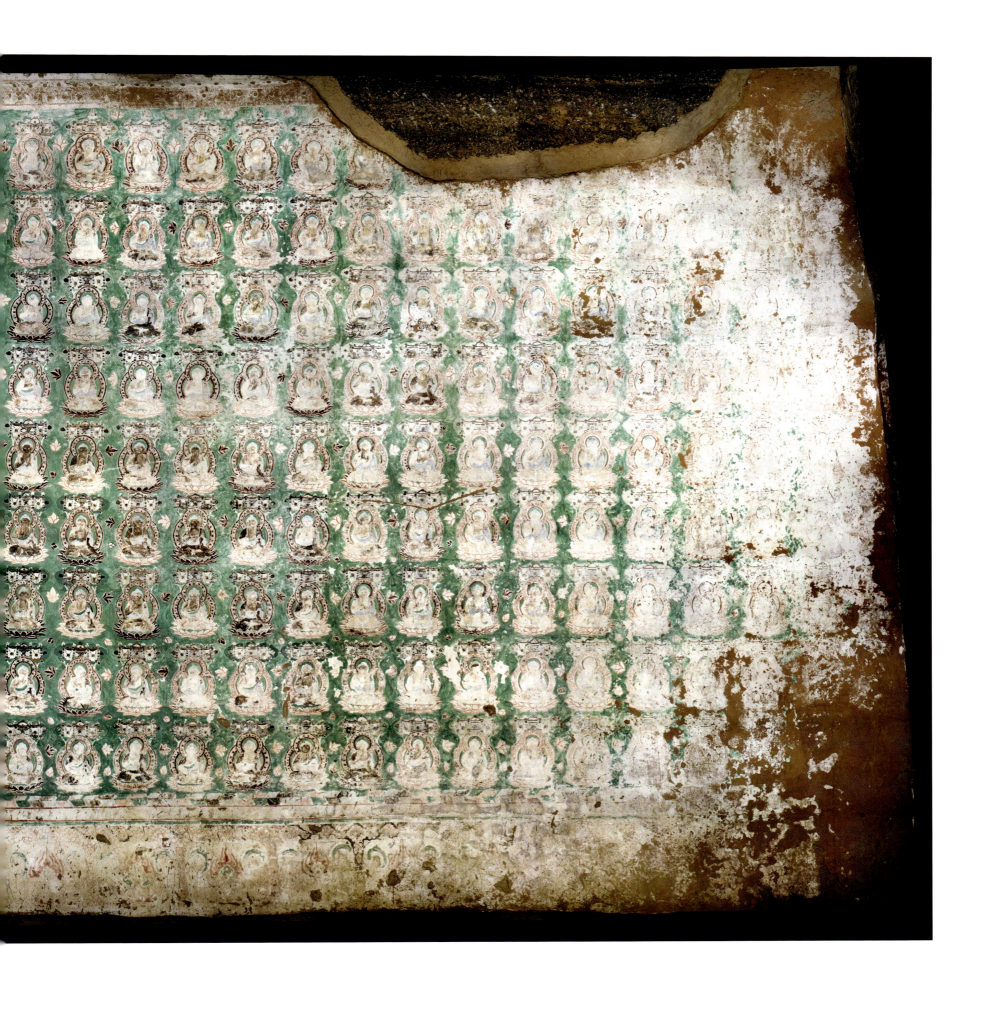

12　第 256 窟主室东壁

13　第256窟主室窟顶西披

14　第256窟主室窟顶北披

15 第256窟主室窟顶南披

16 第256窟主室窟顶东披

17　第256窟主室中心佛坛东向面

18　第256窟主室中心佛坛东向面中段

19　第 256 窟主室中心佛坛东向面中段北向面　　　　　　　20　第 256 窟主室中心佛坛东向面中段南向面

21　第256窟主室中心佛坛南向面

22　第256窟主室中心佛坛西向面

23　第256窟主室中心佛坛北向面

24　第257窟中心塔柱东向面

25　第257窟中心塔柱南向面

26　第257窟中心塔柱西向面

27　第257窟中心塔柱北向面

28 第257窟南壁

29　第257窟西壁

30 第 257 窟北壁

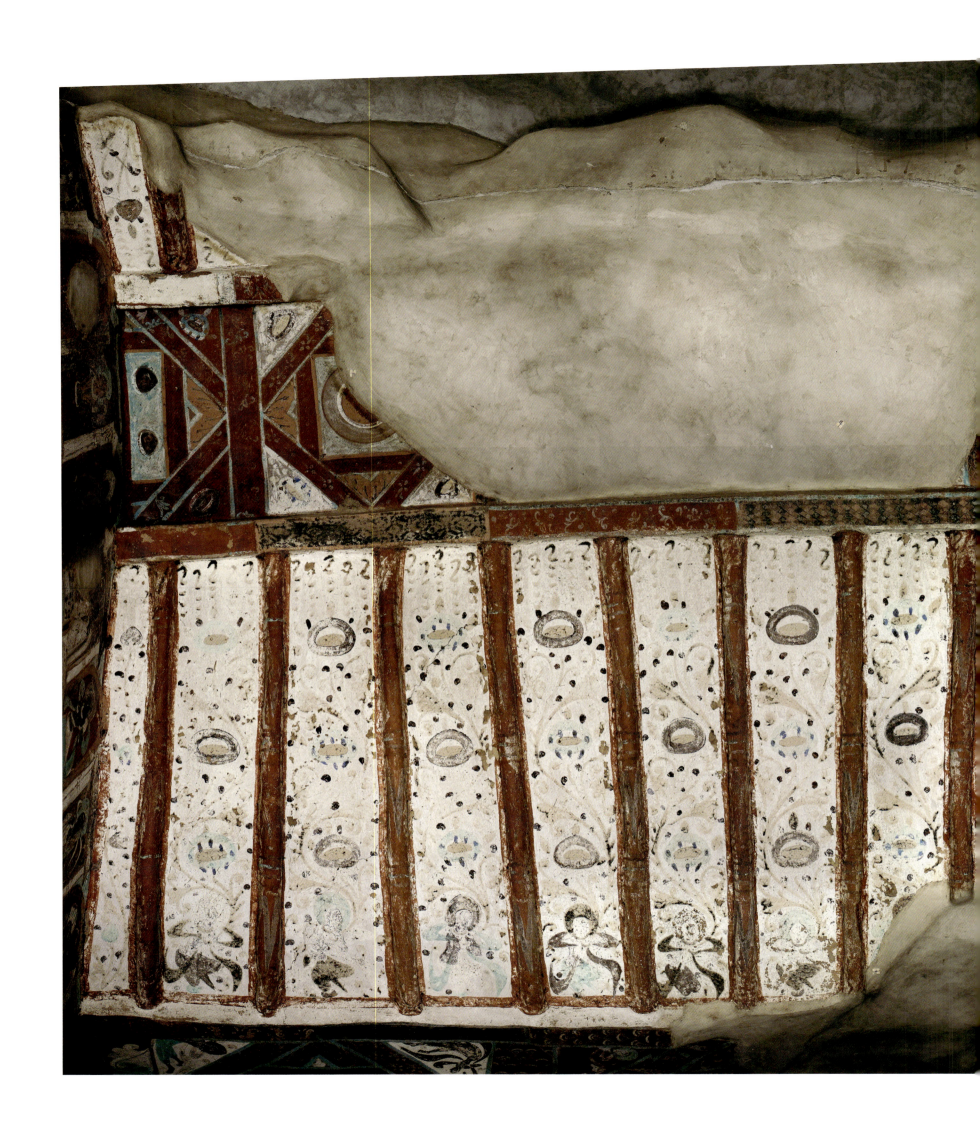

31　第257窟窟顶前部人字披

32　第257窟窟顶后部东侧平棋

33　第257窟窟顶后部南侧平棋

34　第 257 窟窟顶后部西侧平棋

35　第 257 窟窟顶后部北侧平棋

36 第 259 窟西壁

37　第 259 窟西壁塔柱形塔身

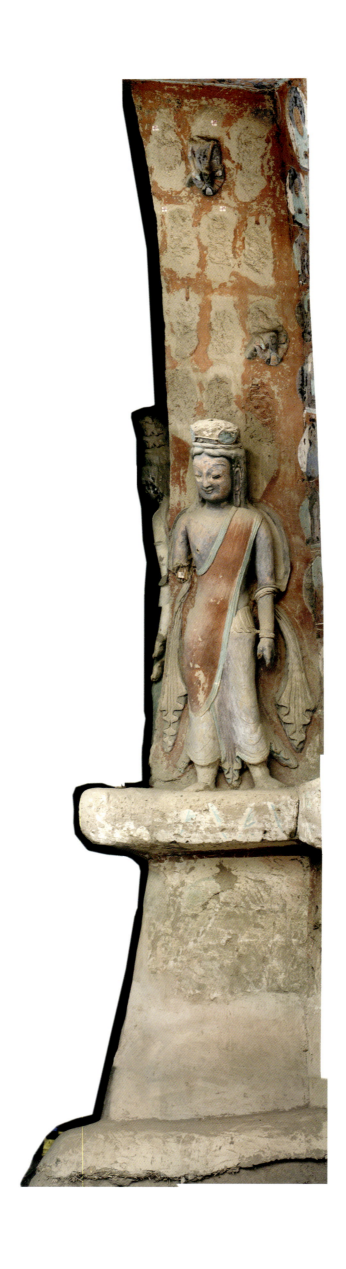

38　第 259 窟西壁塔柱形北侧面

39 第259窟西壁塔柱形南侧面

40　第 259 窟北壁

41　第259窟南壁

43　第259窟窟顶前部人字披东披

42 第259窟窟顶前部人字披西披

44 第 259 窟窟顶后部平棋